Manuel

Te 18
706

Te 18
706

MANUEL D'ÉCONOMIE DOMESTIQUE
ET DE MÉDECINE,

ou

Recueil de Recettes Curieuses

ET INDISPENSABLES AUX HABITANTS DES VILLES
ET DES CAMPAGNES,

D'UNE EXÉCUTION TRÈS-FACILE ET PEU COUTEUSE.

LYON.
IMPRIMERIE DE BOURSY FILS,
RUE DE LA POULAILLERIE, 19.

1840.

MANUEL
D'ÉCONOMIE DOMESTIQUE
ET DE MÉDECINE,

ou

RECUEIL DE RECETTES CURIEUSES ET INDISPENSABLES AUX
HABITANTS DES VILLES ET DES CAMPAGNES,

D'UNE EXÉCUTION FACILE ET PEU COUTEUSE.

N° 1. — Eau de Cologne non distillée.

Huile essentielle de romarin, 16 grammes (1/2 once).
— de bergamotte, 16 grammes (1/2 once).
— de citron, 12 grammes (3 gros).
— de lavande, 8 grammes (1/4 d'once).
Esprit de vin à 36 degrés, 1 litre.
On mélange le tout.

N° 2. — Fabrication de Vinaigre en peu de temps et à peu de frais.

On met un morceau de bois d'if dans un vase plein de vin qui ne tarde pas à se convertir en vinaigre.

N° 3. — Limonade économique.

On fait dissoudre 250 grammes (1/2 livre) de sucre dans un litre ou deux d'eau claire, on y râpe l'écorce d'un citron, et on y en ajoute quelques tranches avec quelques gouttes d'huile de soufre.

N° 4. — Limonade moins composée.

On laisse infuser pendant 24 heures, dans 10 litres d'eau, 31 grammes 25 centigrammes (1 once) de genièvre, autant de raisins de Corinthe et autant de réglisse effilée. Afin de rendre la boisson plus désaltérante, on y ajoute 10 gouttes d'acide sulfurique.

N° 5. — Boisson désaltérante très-simple.

On mélange dans une forte cuillerée d'eau-de-vie une pareille quantité de miel. Ce mélange fait, on répand peu à peu sur ce liquide quelques litres d'eau ordinaire.

N° 6. — Pour convertir de la mauvaise eau et la rendre aussi saine que celle des fontaines.

On bouche le bas d'un entonnoir avec une éponge, on le remplit au tiers de poudre de charbon de bois bien lavée, on finit de le remplir de sable propre, laissant environ 3 centimètres (1 pouce) de vide. On fixe l'entonnoir sur un vase; on répand l'eau qu'on veut clarifier, et qui filtre à travers le sable et le charbon; on continue jusqu'à ce qu'on ait la quantité d'eau voulue.

N° 7. — Conservation des aliments.

Le charbon ainsi pulvérisé a aussi la propriété de conserver la viande et le poisson frais assez long-temps. On lui enlève son mauvais goût et sa mauvaise odeur en mettant dans le vase, en même temps que la viande qu'on veut faire cuire, un ou deux charbons noirs.

N° 8. — Pour rafraîchir l'eau et la rendre plus saine et plus légère.

On fait passer l'eau d'un vase dans un autre, en la versant d'un peu haut; elle devient plus légère parce qu'il s'y est mélangé une certaine quantité d'air; par conséquent elle est rendue plus saine. Précaution très-utile aux personnes qui boivent habituellement de l'eau de puits ou de citerne.

N° 9. — Pour rafraîchir une bouteille d'eau.

La bouteille étant pleine d'eau, on la bouche et on l'enveloppe d'un linge mouillé, on la suspend par le col à une corde et on la balance comme le balancier d'une horloge.

N° 10. — Pour savoir de quel côté est le vent.

On mouille un doigt, on élève la main, on sent une fraîcheur du côté où est le vent.

N° 11. — Pour enlever au beurre sa rancidité.

On bat bien le beurre dans une suffisante quantité d'eau dans laquelle on aura mis une quinzaine de gouttes de chlorure de chaux par demi-kilogramme, on le laisse ensuite reposer pendant une heure ou deux, puis on le bat de nouveau dans de l'eau fraîche, et son mauvais goût a entièrement disparu.

N° 12. — Pour conserver le beurre long-temps frais.

On enveloppe hermétiquement le beurre que l'on veut conserver d'un linge trempé de vinaigre.

No 13. — Pour désinfecter la viande.

Quelque gâtée que soit la viande, on parvient à la rendre saine en la lavant premièrement dans de l'eau bouillante; lorsqu'on l'a bien nettoyée et ôté avec soin tout ce qui est corrompu, on la met dans un linge ou un sac plein de charbon de bois en poudre tamisée ; on la fait bouillir pendant deux heures dans un vase plein d'eau dans lequel on aura encore mis quelques poignées de cette même poussière de charbon. On retire cette viande du vase, on la lave bien, on achève de la nettoyer en ôtant avec soin tout ce qui a l'apparence de la corruption ; puis on achève de faire cuire cette viande dans une nouvelle eau avec les assaisonnements nécessaires. La viande et le bouillon seront excellents.

No 14. — Conservation des œufs.

On conserve les œufs en les enfouissant dans du seigle; on n'en retire que la quantité qu'on veut employer.

No 15. — Autre manière de conserver les œufs.

On conserve les œufs lorsqu'on les a trempés dans de l'eau de chaux, puis on les met dans du sable fin et sec.

No 16. — Autre manière de conserver les œufs.

Les œufs pondus en mars et en septembre sont préférés pour la conservation. Ceux des poules non fécondées sont aussi plus propres à la conservation. On connaît les œufs bons à être conservés, lorsqu'en mouillant avec la langue le côté pointu il se trouve froid, et que le côté opposé a une certaine chaleur ; l'œuf gâté n'offre pas cette différence.

No 17. — Autre moyen de conserver les œufs.

On fait un lit de cendre dans une caisse, on y pose les œufs de manière que la pointe soit en haut, on les recouvre de cendre d'un pouce ou plus, puis un lit d'œufs, ensuite de cendre, jusqu'au haut de la caisse, laquelle doit reposer dans un lieu sec et frais.

No 18. — Pour faire pondre les poules en hiver.

Pour faire pondre les poules en hiver, on les place dans un endroit chaud qu'elles ne puissent franchir; on les nourrit de sarrasin ; on leur donne le matin une pâtée faite avec du chenevis pilé, mélangé de son d'orge et d'un sizième environ de brique pilée et passée au tamis. Cette nourriture les échauffe tellement qu'elles pondent tous les jours. Au printemps ces poules ne sont bonnes qu'à engraisser.

N° 19. — Pour faire du plomb de chasse.

On fond du plomb, on le verse dans une passoire sous laquelle est placé un vase plein d'eau froide. Les gouttes de plomb tombant dans l'eau froide s'arrondissent et forment de petits grains de différentes grandeurs que l'on sépare à travers des tamis dont les trous sont aussi plus ou moins grands.

N° 20. — Mastic résistant à l'eau et au feu.

On met dans un demi-litre de vinaigre une même quantité de lait, lequel se coagule ; on prend le petit-lait dans lequel on mélange cinq blancs d'œufs, qu'on bat bien ; on y mêle de la chaux tamisée jusqu'à la consistance de pâte. Lorsqu'on aura appliqué ce mastic, si on le laisse bien sécher, il sera à l'épreuve de l'eau et du feu.

N° 21. — Mastic pour la faïence.

On réduit en poudre très-fine des écailles d'huître, ensuite on la passe au tamis de soie ou on la broie sur le marbre, puis on la mélange dans plusieurs blancs d'œufs, on en fait une colle avec laquelle on lie les deux parties qu'on veut joindre et on les tient serrées pendant quelques minutes.

N. 22. — Mastic pour le bois.

On mêle des cendres très-fines tamisées avec du suif fondu, on en fait une pâte qu'on pétrit avec une petite pelle en bois. On n'en fait que la quantité nécessaire, parce que ce mastic durcit très-vite.

N. 23. — Ciment résistant à l'eau.

On mêle, à parties égales, de la poix liquide et du vieux suif, qu'on fait bouillir dans une chaudière, et qu'on retire du feu lorsque l'écume monte ; on laisse refroidir, on y jette de la chaux pilée, on remue le tout ensemble jusqu'à ce que cela ait pris la consistance de pâte. Ce mastic est excellent pour boucher les crevasses des réservoirs et empêcher la filtration des eaux.

N. 24. — Matelas bons et peu coûteux.

Aux mois d'août ou de septembre, lorsque la mousse des bois est dans sa grande force, on choisit un jour sec pour en ramasser, aussi longue que possible ; on en secoue la terre et surtout les racines ; on la fait sécher à l'ombre, assez pour qu'elle ne soit pas cassante, afin de pouvoir en séparer toute la terre. On la met sur des claies, puis on la bat légèrement avec des baguettes pour finir de la nettoyer; on coupe en même temps ce qui se trouve dur. La mousse étant ainsi préparée, on en fait des matelas de 25 à 30 centimètres (10 pouces) d'épaisseur ; on les confectionne de la même manière que ceux de crin. Lorsque les matelas sont aplatis par l'usage, on les bat avec de petites baguettes et ils reprennent leur première épaisseur. On peut s'en servir 20 ans sans renouveler la mousse.

N. 25. — Moyen sûr pour repasser les instruments tranchants.

On nettoie sa pierre avec une éponge imbibée de savon et d'eau, on l'essuie et on la trempe dans de l'eau pure, on frotte ensuite et on couvre sa surface avec du savon dit de palme. Par ce procédé on obtient un fil supérieur à celui que lui donne l'huile ; il ne doit pas y avoir de poussière sur le savon. On repasse ensuite son rasoir, canif, couteau, etc.

N. 26. — Encre pour marquer le linge.

On fait dissoudre 31 grammes 25 centigrammes (1 once) sous-carbonate avec 8 grammes (2 gros) gomme arabique dans 31 grammes 25 centigrammes (1 once) d'eau commune. On se sert de cette solution pour gommer le linge à l'endroit où l'on veut marquer les lettres.

Pour marquer les lettres on se sert de la préparation suivante :

Nitrate d'argent, 8 grammes (2 gros).
Gomme arabique, 4 grammes (1 gros).
Eau distillée, 24 grammes (6 gros).

On colore cette encre avec de l'encre de Chine ou avec du noir de fumée ; on ne gomme pas trop le linge ; la place gommée étant sèche, on la lave afin de détruire l'action de la soude.

N. 27. — Lessive de marrons d'inde pour le savonnage.

On fait sécher les marrons après en avoir ôté la coque ; on les réduit ensuite en poudre qu'on détrempe dans une suffisante quantité d'eau, laquelle devient aussi propre à savonner qu'une eau saturée de véritable savon. Cette espèce de savon remplace avec avantage la pâte d'amandes pour blanchir la peau et la rendre très-douce.

N. 28. — Pour se blanchir les mains.

On délaie dans du lait des pommes de terre cuites et bien farineuses, puis on s'en frotte les mains, et on en obtient le même avantage qu'avec la pâte d'amandes.

N. 29. — Pour éloigner des étoffes les insectes qui les rongent.

On renferme un morceau de camphre dans un petit sac, lequel est mis parmi les étoffes ou vêtements placés dans l'armoire; l'odeur éloigne les insectes qui y sont cachés.

Les étoffes teintes avec de l'orseille ne sont pas atteintes des insectes rongeurs.

N. 30. — Pour éloigner les mouches des meubles et des dorures.

On frotte les murs et boiseries d'huile de laurier, dont l'odeur éloigne les mouches.

N. 31. — Pour se bien nettoyer le visage.

On met un petit morceau de beurre frais entre deux linges secs; on se frotte le visage, de façon que toute la crasse est déposée sur le linge ; puis on se lave avec du savon pour ôter la graisse et achever sa toilette.

N. 32. — Pour faire revivre l'écriture.

On trempe dans du vinaigre un oignon coupé par le milieu, on en imbibe légèrement ce qu'on veut lire. L'oignon ainsi trempé sert encore à nettoyer les vieux tableaux, et leur rend toute leur fraîcheur sans leur causer le moindre dommage.

N. 33. — Pour nettoyer les tableaux.

On se sert d'une éponge trempée dans de la bière chaude, on lave le tableau, puis on le laisse sécher. On le lave une seconde fois avec la liqueur appelée gomme de dragon dissoute dans de l'eau claire.

N. 34. — Pour rendre le lustre aux galons d'or et d'argent.

On chauffe de l'esprit de vin avec lequel on humecte la place ternie en la frottant.

N. 35. — Pour donner une bonne odeur au linge.

On rassemble des fleurs à bonne odeur, telles que roses, œillets, jasmins, violettes, etc. On les fait sécher à l'ombre, on répand par-dessus de la poudre de muscade et de girofle; on met le tout dans un petit sac de taffetas, qu'on place parmi ses habits ou son linge.

N. 36. — Pour nettoyer le cuivre doré.

On le frotte avec du blanc d'Espagne dissous dans de l'eau.

N. 37. — Pour nettoyer le nankin sans en altérer la couleur.

On jette une poignée de sel dans le vase où sera trempé pendant 24 heures le nankin, puis on le lave à l'eau de lessive chaude ; il ne faut pas employer de savon, ni tordre pour faire sortir l'eau. Par ce procédé le nankin conserve sa couleur.

N. 38. — Pour redonner au nankin sa couleur.

On le trempe dans du café, ou on recuit le marc de café en suffisante quantité, puis on le tire au clair, on trempe son étoffe, on la sèche sans la tordre.

N. 39. — Pour prendre les oiseaux à la main.

On se procure de la graine dont les oiseaux se nourrissent et de celle dont ils sont le plus friands ; on la met tremper dans de la lie de vin ou dans une décoction d'ellébore blanc avec du fiel de bœuf. Avec cet appât on prend toutes sortes d'oiseaux.

N. 40. — Pour faire venir beaucoup de poissons à l'endroit où l'on veut pêcher.

On répand peu à peu du vin sur du fromage de Gruyère, que l'on broie avec de l'huile d'olive dans un mortier ; lorsque cette pâte est faite, on y joint quelques gouttes d'eau de rose, puis on en fait de petites boulettes de la grosseur d'un pois, qu'on jette dans l'eau, à l'endroit où l'on se propose de pêcher. On jette les boulettes le soir pour pêcher le matin, et on en jette aussi le matin pour le soir.

N. 41. — Baromètre.

On met dans un flacon, qu'on laisse ouvert, 4 grammes de salpêtre, 12 grammes de camphre, 16 grammes de sel ammoniac et 125 grammes d'esprit de vin à 36 degrés. Quand le temps est beau, la composition est limpide, et quand il doit changer elle devient trouble.

N. 42. — Pour empêcher l'acier de se rouiller.

Pour prévenir la rouille sur les objets d'acier poli, on les frotte avec de la chaux vive en poudre, et avant de les expédier on les trempe dans de l'eau de chaux.

N. 43. — Pour enlever la rouille du fer.

On frotte le fer rouillé avec un linge imbibé d'huile de tartre.

N. 44. — Pour faire disparaître les cors aux pieds.

On met, dans un verre d'eau de rivière, pour la valeur de 5 centimes de vitriol vert, réduit en poudre très-fine qu'on laisse infuser pendant 24 heures. Le soir, avant de se coucher, on coupe son cor aussi près que possible sans cependant le faire saigner. On prend du dépôt qui est au fond du vase avec le bout d'un couteau, on le place sur le cor coupé, on met par-dessus un linge, au-dessus duquel on met encore un autre linge pour garantir les draps du lit de la rouille.

N. 45. — Pour guérir les yeux.

Dans une topette à sirop pleine d'eau bien claire, on met infuser pendant 24 heures la valeur d'un dé à coudre plein de sucre candi, pilé très-fin ; iris de Florence autant, et encore autant de sulfate de zinc ou couperose blanche en poudre. Le matin en se levant on baigne ses yeux; au bout de huit jours la guérison est parfaite.

N. 46. — Pour guérir les maux de tête.

On dissout dans de l'eau trois ou quatre morceaux d'acide nitrique ou extrait de citron, chacun de la grosseur d'un pois; on boit cette solution; en moins d'une demi-heure, quelle que soit l'intensité de la migraine, elle cèdera à ce puissant remède. Le malade pourra continuer ses occupations ordinaires, et une demi-heure ensuite il se trouvera bien et exempt de maux de tête.

N. 47. — Pour guérir les engelures.

On frotte avec du sain-doux les mains ou les pieds où se trouvent les engelures, puis on les présente au feu, on en supporte la chaleur aussi élevée que possible. Cette opération se fait le soir, on la répète une seconde fois le jour suivant, et la guérison est parfaite.

N. 48. — Pour enlever les taches de rousseur.

On lave la partie tachée avec de l'eau fraîche, on l'essuie, puis on frotte légèrement avec un linge imbibé de lait d'amande. On réitère à diverses fois cette friction et la tache disparaît.

N. 49. — Pour arrêter la carie des dents.

On fait bouillir dans 25 centilitres (1/4 de litre) de vin une tête de pavot; la cuisson faite, on ajoute 125 grammes (4 onces) de miel. Ce liquide ainsi préparé, on s'en gargarise à diverses reprises; les vers qui rongent les dents périssent et la carie cesse.

N. 50. — Pour faire périr les vers.

On pile du plantain à longues feuilles, ou long plantain;

on en exprime le jus, avec lequel on met autant de gouttes dans une cuillerée de vinaigre que la personne a d'années; on l'avale à jeûn, on réitère la dose le lendemain. Aucune douleur ne se fait sentir; les vers ayant péri se trouvent par morceaux dans les excréments.

N. 51. — Autre remède.

On met entre deux linges fins de l'ail pilé en suffisante quantité; le soir, quand on est couché, on applique ce linge sur le nombril. Beaucoup d'enfants ont évacué le lendemain un grand nombre de vers par ce seul procédé.

N. 52. — Contre les gerçures de la peau.

On saupoudre la place gercée de farine d'orge, ou on met une compresse d'eau miellée.

N. 53. — Contre un coup de soleil.

On remplit une bouteille à large goulot d'eau fraîche, on la couvre d'un linge et on l'applique sur la place affectée; on renouvelle l'eau pour qu'elle soit toujours fraîche, et l'on continue jusqu'à pleine guérison, laquelle ne tarde pas à s'effectuer.

N. 54. — Pour guérir de la teigne.

On fait fondre 250 grammes de poix blanche (1/2 livre), dans laquelle on met 125 grammes d'amidon (1/4 de livre), puis 187 grammes 50 centigrammes de vinaigre (6 onces). Quand le tout est bien mélangé on l'étend sur un linge qu'on applique sur la tête.

N. 55. — Guérison de la gale.

On mélange 50 grammes (1 once 1/2) de patience avec autant de bardane, on en fait une tisane, on en boit huit bouteilles durant le traitement; aux deux premières on commence à se frotter toutes les jointures avec la pâte ci-après :

On mélange 125 grammes (1/4 de livre) de beurre avec autant de fleur de soufre, de même que de sel de cuisine. Avec cette pâte on se frotte devant le feu avant de se coucher. Au bout de trois ou quatre jours on est parfaitement guéri; on prend ensuite un bain et un purgatif.

N. 56. — Contre la sueur des mains.

On se frotte les mains avec un peu de lycopode ou pied-de-loup, espèce de mousse. Par ce procédé on ne salit pas les objets par la sueur.

N. 57. — Guérison des maux de ventre.

On fait boire au malade de l'eau-de-vie dans laquelle on aura mélangé de l'huile et de l'eau de fleur d'oranger; si la douleur ne passe pas, on lui en fait boire une seconde dose. Si le malade peut reposer, la guérison sera plus prompte.

N. 58. — Pour empêcher que les pommes de terre ne germent.

On met un tas de pommes de terre à l'endroit ou on aura déposé du menu charbon de bois, et on parsème le tas de ce même charbon. Par ce procédé on conserve fort long-temps les pommes de terre.

N. 59. — Pour empêcher que les pommes de terre et autres légumes ne gèlent.

On met un vase ou deux pleins d'eau près du tas; lorsque l'eau est gelée, on la remplace par d'autre qui ne l'est pas; on continue jusqu'à ce que l'eau ne gèle plus.

N. 60. — Pour dégeler les pommes de terre.

On place à côté du tas des pommes de terre gelées de l'eau fraîche, ce qui les ramène à leur premier état sans qu'elles perdent de leur qualité.

N. 61. — Excellente nourriture pour les bestiaux.

Au moyen d'un instrument tranchant on coupe des pommes de terre; on les place par lits dans un cuvier, avec un lit de son entre deux de pommes de terre. Lorsque le cuvier est plein, on le couvre; il doit être placé dans un lieu où la température soit au moins de dix degrés. Au bout de deux jours la fermentation se développe et répand une odeur agréable et très-prononcée. Cet aliment est donné principalement aux vaches qui en sont très-friandes, et leur lait acquiert une qualité remarquable.

N. 62. — Pour prolonger la durée du bois blanc.

La pièce de bois blanc exposée aux injures du temps est couverte d'une couche de peinture grise à l'huile; avant d'être sèche on met une seconde couche de sablon ou grès passé au tamis, sur laquelle on met encore une couche pareille à la première; on a soin d'appuyer fortement avec la brosse. Par ce procédé, la surface de ce bois acquiert une telle dureté, que l'air, le soleil et l'eau ne peuvent l'altérer pendant une vingtaine d'années.

N. 63. — Pour augmenter la récolte des arbres fruitiers.

On obtient une récolte abondante de fruits en pinçant et

cassant les jeunes repousses vers la fin de l'automne, lorsque le bois a pris de la consistance et que la sève est passée.

N. 64. — Pour faire pousser promptement les jeunes pommiers.

On fait un trou ou excavation de 1 mètre 35 centimètres de largeur sur 50 centimètres de profonder, au fond duquel on place un buisson de ronces, bruyère ou fougère, de 35 centimètres environ d'épaisseur ; on met une dizaine de centimètres de bonne terre par-dessus, on plante l'arbre et on couvre la racine suivant l'usage ordinaire. Cette méthode convient aux terrains humides, argileux, etc., ou qui offrent beaucoup de cailloux.

N. 65. — Moyen de tripler les récoltes.

Dans un endroit propice on fait creuser un fossé propre à recevoir les égouts des écuries, du tas de fumier, du ménage, de la pluie ; ce fossé doit être garni de terre glaise ou d'un ciment imperméable ; on le recouvre de plateaux épais en chêne, sur lesquels est l'emplacement du tas de fumier qui doit être rangé avec soin et entouré d'épines pour le garantir du voisinage des poules qu'on doit écarter chaque fois qu'on en voit. Lorsque le fossé est plein, on remplit des tonneaux au bas desquels on place un robinet d'où s'échappe le liquide qui tombe sur un tuyau en bois long d'un mètre et plus, percé de petits trous de manière à arroser à la fois la même largeur de terrain.

Cet arrosement a lieu immédiatement après la pluie ; sinon on ajoute la moitié ou les deux tiers d'eau, selon le degré de force du liquide. On ne saurait assez recommander à l'agriculteur de ramasser avec soin les eaux qui doivent être comme l'engrais le plus précieux.

N. 66. — Pour éviter l'égrenage des épis.

Un peu avant la maturité du grain on coupe la céréale ; ce moment est connu par le dessèchement du bas de la tige ; le grain achève de se mûrir et de se nourrir aux dépens des tiges, comme si elles étaient adhérentes au sol. Dès que les tiges sont sèches, on rentre le grain précisément au point de sa maturité. Par ce moyen on évite les pertes de l'égrenage.

N. 67. — Procédé simple et économique pour acérer les socs de charrue.

On pose sur l'extrémité du soc un morceau de fonte de fer de la grosseur de 3 centimètres, et l'on échauffe au blanc un peu moins que pour le soudage. Aussitôt que le morceau de fonte commence à fondre, on le promène avec une tige de fer.

N. 68. — Paratonnerre naturel.

Depuis des siècles on a observé que le hêtre à larges feuilles n'est jamais frappé de la foudre. Cet arbre étant planté le long des routes et près des habitations, donnerait de la sécurité au voyageur et à l'habitant des campagnes.

N. 69. — Pour faire périr les chenilles.

On remplit un réchaud de charbon bien allumé; on le transporte sous des branches chargées de chenilles; on jette dedans quelques pincées de soufre en poudre. Cette vapeur, mortelle aux chenilles, les fait périr toutes et l'arbre en est garanti pour la suite.

N. 70. — Autre procédé contre les chenilles.

On parsème aussi de morceaux de laine les différents endroits que les chenilles habitent; ces bêtes s'y réfugient en grand nombre pendant la nuit, de cette manière on en tue plusieurs milliers et on parvient à les faire disparaître entièrement.

N. 71. — Autre procédé pour détruire les chenilles.

On fait aussi au tronc des gros arbres un trou qui va jusqu'au cœur, de la circonférence du petit doigt; on augmente ou diminue sa grandeur, selon la grosseur de l'arbre; en remplit exactement ce trou de soufre en poudre, on le bouche solidement avec une cheville de bois. Par ce procédé, tous les insectes ont disparu au bout de quelques jours.

N. 72. — Autre procédé.

Aux terrains qui sont infestés de chenilles, on y transporte de grosses fourmis de bois qui les détruisent, et qui sont aussi très-friandes des petites fourmis, elles se retirent quand il n'y a plus de chasse à faire.

N. 73. — Pour éloigner les fourmis des arbres.

On entoure le tronc et les branches de l'arbre d'une corde goudronnée et imbibée d'huile d'olive; l'odeur fait descendre les fourmis, elles s'embarrassent à la corde et périssent.

N. 74. — Pour faire rapporter du fruit aux vieux arbres.

Pendant l'hiver on applique une couche de chaux vive

détrempée dans de l'eau sur les vieux arbres ; il résulte de ce procédé la destruction des mouches et autres insectes ; la vieille écorce tombe et une nouvelle la remplace. On verra la plupart de ces arbres reprendre de la vigueur et une apparence de jeunesse, et ils donneront du fruit en abondance. Par ce procédé on prolonge leur durée. L'expérience en a été faite par un riche propriétaire qui, pour conserver des arbres précieux par la qualité de leurs fruits et la beauté de leurs branchages, a fait bâtir à chaux et à sable tous ses arbres creux. Il fait recrépir de nouveau chaque année en automne ceux qui en ont besoin. Depuis qu'il prend cette précaution il n'a perdu aucun arbre. Ce procédé a également réussi à des chênes, des ormes, des tilleuls.

N. 75. — Pour détruire les rats et les souris.

On mélange de la chaux vive en poudre avec autant de farine et de sucre, on la répand dans les endroits infestés; la mort de l'animal sera prompte s'il boit immédiatement après avoir mangé cet appât.

N. 76. — Pour détruire les charançons.

Avec un lait composé de chaux vive et de trois parties d'une forte infusion de plantes aromatiques, on donne plusieurs couches aux parois des endroits habités par les charançons; on peut en toute assurance les y laisser déposer leur graine. Ce moyen parmi tant d'autres est celui qui offre le plus de garanties de destruction.

N. 77. — Autre procédé pour détruire les charançons.

On réussit à détruire les charançons en répandant dans le lieu qu'ils habitent les sommités de chanvre femelle où était renfermée la graine.

N. 78. — Fromage de pommes de terre.

On fait cuire des pommes de terre en suffisante quantité, on les pèle, puis on les pétrit, on y mélange ensuite du lait caillé de lait doux auquel on aura laissé la crême dans la même proportion; l'assaisonnement se fait avec du sel, du laurier, des clous de girofle pilés. Lorsque le tout est bien pétri et mélangé, on couvre cette pâte qui est abandonnée à la fermentation; au bout de 24 heures on la moule en petits fromages qui sont très-bons.

N. 79. — Conservation des raisins.

On dispose dans une caisse ou autre vase où l'air extérieur ne puisse pénétrer, un lit de son séché au four ou de cendres sèches tamisées, puis un lit de raisins qu'on a eu soin de bien éplucher et cueillis avant leur maturité par un temps sec et beau ; on continue un lit de son, puis un lit de raisins, jusqu'à ce que le vase soit plein ; on le ferme hermétiquement ; si l'air ne peut y pénétrer, le raisin se conservera long-temps. Pour leur rendre leur fraîcheur, on coupe le bout de chaque grappe, puis on la trempe dans du vin de même couleur que le raisin.

N. 80. — Conservation des châtaignes.

Les châtaignes et les marrons doivent être ramassés au grand soleil, puis exposés à ses rayons pendant sept ou huit jours sur des claies que l'on retire chaque soir ; on les place les unes sur les autres dans le lieu le plus chaud de la maison. Par ces soins les châtaignes acquièrent la propriété de se conserver long-temps ; c'est une excellente nourriture pour les hommes et les animaux.

N. 81. — Conservation des pommes.

Pour conserver les pommes jusqu'en mai et juin, ou plus long-temps, on les met par couches dans des tonneaux ou caisses avec du sable bien sec qui absorbe l'humidité et garantit les fruits du contact de l'air.

N. 82. — Conservation des haricots verts.

On épluche les haricots sans les casser, puis on les met dans des pots de grès remplis d'eau de fontaine suffisamment salée ; on recouvre le vase d'environ 10 centimètres d'huile. Quand on veut en prendre, on retire la quantité nécessaire en soulevant la croûte qui s'est formée dessus ; on les lave deux fois à l'eau chaude, puis on les fait cuire comme à l'ordinaire.

N. 83. — Pour empêcher les fruits de geler.

On couvre les fruits de paille sur laquelle on étend un drap mouillé ou une natte de paille bien épaisse et mouillée. Il faut prendre soin que le fruit ne se mouille pas.

N. 84. — Pour les gelées de fruits sans sucre.

On fait réduire au sizième de son volume le mou du fruit qu'on a pressé, on met cette liqueur réduite dans des vases de forme conique, ronde ou pointue qu'on place dans un lieu frais, on les laisse ouverts ; au bout de quelques mois il s'est formé trois couches très-distinctes de liqueurs : la couche supérieure est un sirop très-doux.; la seconde est une gelée sucrée, semblable à celle de pommes ou de groseilles blanches; la couche inférieure est le dépôt des matières étrangères à la liqueur.

N. 85. — Clarification sans frais des liqueurs.

On passe les liqueurs jusqu'à ce qu'elles soient bien claires dans une chaussée faite de drap de laine, ou bien dans une feuille de papier gris non collée, pliée en cône et supportée par une gaze.

N. 86. — Conservation des vins.

On met dans un demi-litre d'esprit de vin deux poignées de seconde écorce de sureau, qu'on laisse infuser pendant trois jours ; puis on passe cette liqueur dans un linge et on la verse dans le vase où est le vin, qui se conserve fort long-temps, une dizaine d'années au moins.

N. 87. — Pour rendre clair le vin tourné.

On remplit un sachet de copeaux minces de bois de hêtre, puis on le suspend pendant deux jours dans le tonneau.

N. 88. — Rétablissement du vin gâté.

On fait bouillir un seau de bon vin, puis on le vide dans le tonneau de vin gâté ; on bouche bien le vase ; au bout de quinze jours, le vin a repris sa première qualité.

N. 89. — Pour corriger un vin aigre ou moisi qui a pris le goût dans le tonneau.

On soutire le vin dans un vase bien étuvé et qui ait bonne odeur, et préférablement dans un qui aura eu de l'eau-de-vie. On met infuser près du feu, dans un verre d'eau-de-vie, une quarantaine de clous de girofle, quelque peu de cannelle et de coriandre, une forte cuillerée d'iris de Florence, puis cette infusion est versée dans le vin. Au bout de quinze ou vingt jours il est meilleur qu'il n'était auparavant.

N. 90. — Pour vieillir l'eau-de-vie en un instant.

Pour donner à l'eau-de-vie nouvelle toutes les qualités de la plus vieille eau-de-vie, il suffit de verser dans chaque bouteille un peu d'eau dans laquelle auront été dissous 5 ou 6 grains de potasse, puis on agite fortement la bouteille. La liqueur par ce procédé perd l'acide qui lui reste et acquiert le goût et toutes les propriétés de la plus vieille eau-de-vie.

N. 91. — Autre procédé.

On emploie encore, pour vieillir l'eau-de-vie et lui donner une couleur agréable, de la teinture de cachou ou de caramel; on l'entonne dans un vase de bois neuf, et on y verse de l'esprit de vin dans lequel auront été trempés des copeaux de bois de chêne.

Ces moyens n'ont rien de nuisible à la santé.

N. 92. — BAUME DE SAINTE-GENEVIÈVE.

Il se compose d'huile d'olive 1,500 grammes (3 livres), cire jaune en morceaux 250 grammes (1/2 livre), eau de rose 250 grammes (1/2 livre), santal rouge en poudre 62 grammes 50 centigrammes (2 onces), vin rouge vieux 1 litre 50 centilitres (1 litre 1/2).

Le tout doit être mis dans un vase en terre verni, contenant environ 6 litres; on fait bouillir ce mélange pendant une demi-heure, on remue durant ce temps avec une spatule en bois, et on ajoute un demi-kilogramme de térébenthine de Venise qu'on incorpore avec la spatule durant deux ou trois minutes; puis on retire le vase du feu, on le laisse un moment passer sa chaleur, ensuite on y ajoute 8 grammes de camphre en poudre qu'on mélange bien avec la spatule. On coule cette liqueur dans un autre vase à travers un linge, on la laisse reposer jusqu'au lendemain, jusqu'à ce qu'elle soit bien figée, et on fait des incisions en croix pour faire sortir le liquide. On met ce baume dans un vase en faïence pour le conserver.

Ce baume est excellent pour toutes les douleurs quelconques, rhumatismes, pleurésies, maux de tête, maux d'estomac qu'elle fortifie, et contre la morsure d'animaux venimeux; on l'étend chaudement sur la partie malade, puis on en met environ 8 grammes dans un bouillon que le malade boit. Ce baume est encore très-bon pour les parties ulcérées, gangrenées, blessées, meurtries. On couvre la place affectée du linge avec lequel on l'aura frottée après avoir étendu de ce baume.

www.ingramcontent.com/pod-product-compliance
Lightning Source LLC
Chambersburg PA
CBHW061528040426
42450CB00008B/1849